Impressum
Verlag: BABADADA GmbH, Nedderfeld 112 , 22529 Hamburg
Geschäftsführer / Verlagsleitung: Harald Hof
Druck: Books on Demand GmbH, In de Tarpen 42, 22848 Norderstedt

Imprint
Publisher: BABADADA GmbH, Nedderfeld 112 , 22529 Hamburg, Germany
Managing Director / Publishing direction: Harald Hof
Print: Books on Demand GmbH, In de Tarpen 42, 22848 Norderstedt, Germany

escuela
škola

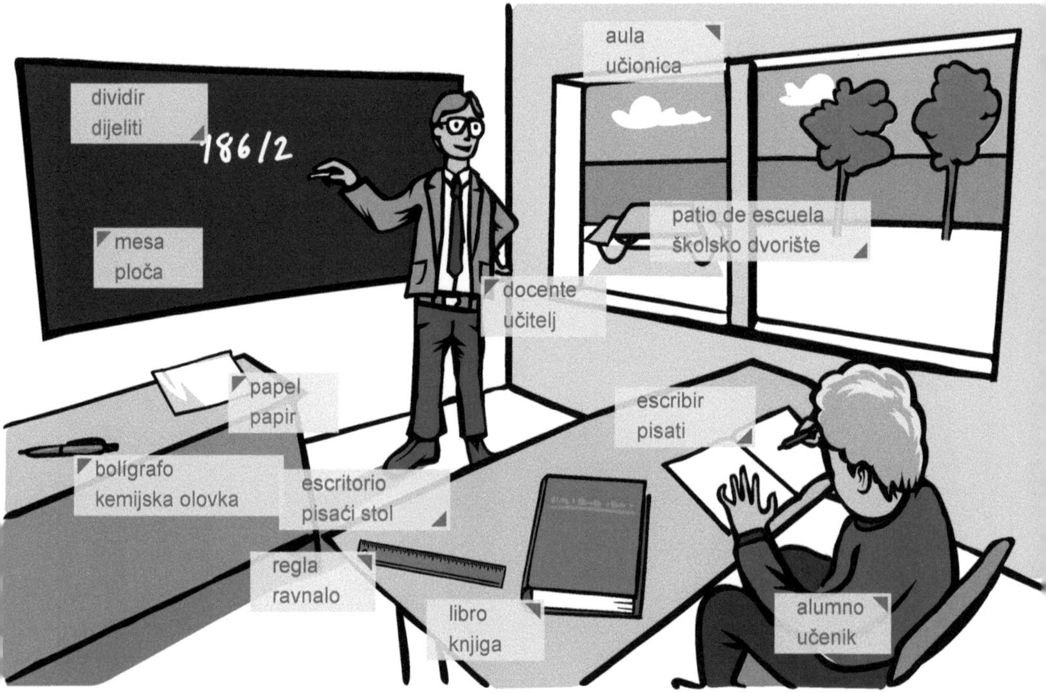
aula
učionica
dividir
dijeliti
186/2
mesa
ploča
patio de escuela
školsko dvorište
docente
učitelj
papel
papir
escribir
pisati
bolígrafo
kemijska olovka
escritorio
pisaći stol
regla
ravnalo
libro
knjiga
alumno
učenik

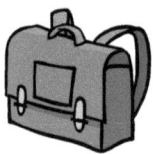

mochila escolar

torba

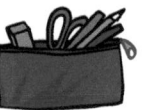

caja de lápices

pernica

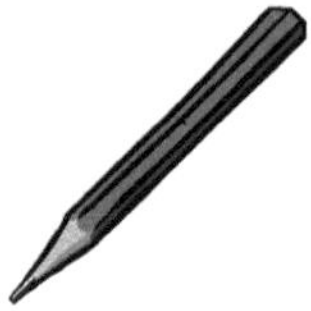

lápiz

grafitna olovka

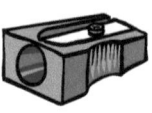

sacapuntas

šiljilo za olovke

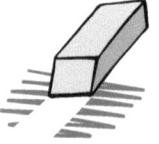

goma de borrar

gumica za brisanje

bloc de dibujo

blok za crtanje

dibujo

crtež

pincel

kist

caja de pinturas

kutija s bojama

tijera

makaze

pegamento

ljepilo

libro de ejercicios

bilježnica

tarea

domaći zadatak

número

broj

sumar

sabirati

restar

oduzimati

multiplicar

množiti

calcular

računati

letra

slovo

alfabeto

abeceda

palabra

riječ

texto
....
tekst

leer
....
čitati

tiza
....
kreda

lección
....
sat

libro de clase
....
dnevnik

examen
....
ispit

certificado
....
svjedodžba

uniforme escolar
....
školska uniforma

educación
....
obrazovanje

enciclopedia
....
leksikon

universidad
....
sveučilište

microscopio
....
mikroskop

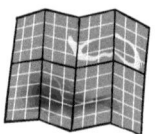

mapa
....
karta

cesto de papeles
....
košara za papir

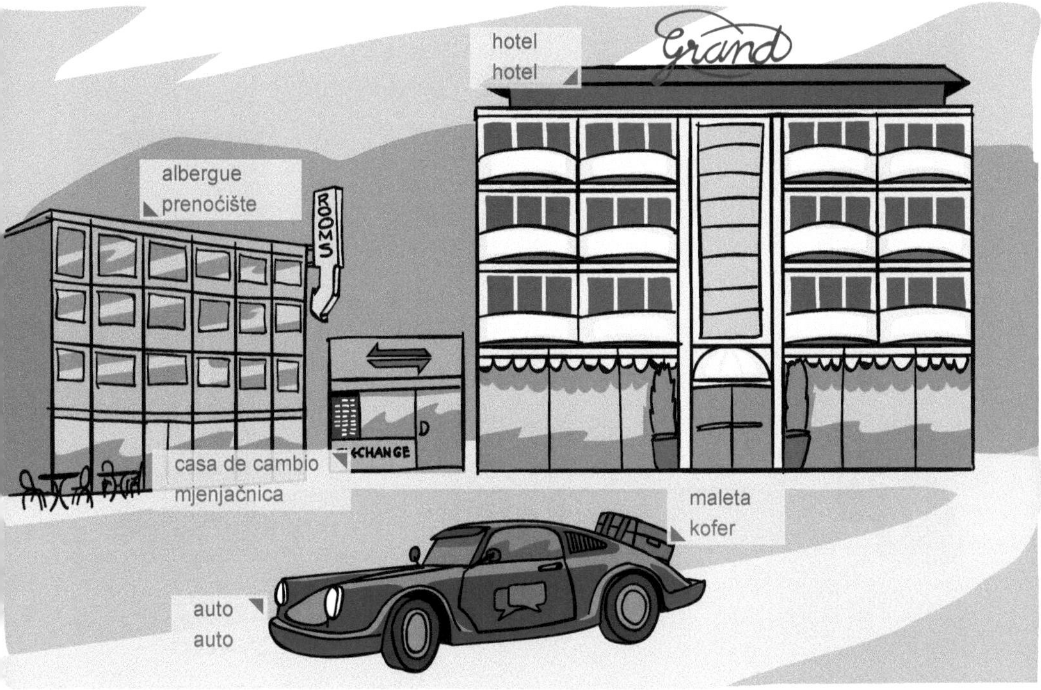

hotel
hotel
Grand
albergue
prenoćište
ROOMS
EXCHANGE
casa de cambio
mjenjačnica
maleta
kofer
auto
auto

idioma

jezik

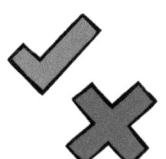

sí / no

da / ne

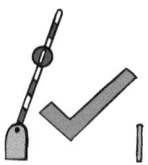

ok

okay

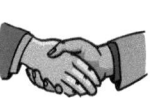

hola

zdravo

intérprete

prevoditelj

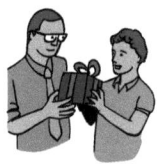

gracias

hvala

¿Cuánto cuesta...?

Koliko košta...?

No entiendo

ne razumijem

problema

problem

¡Buenas tardes!

dobro veče!

¡Buenos días!

Dobro jutro!

¡Buenas noches!

Laku noć!

adiós

doviđenja

dirección

smjer

equipaje

prtljaga

bolso

torba

mochila

ruksak

invitado

gost

cuarto

soba

saco de dormir

vreća za spavanje

tienda de campaña

šator

información al turista

turističke informacije

playa

plaža

tarjeta de crédito

kreditna kartica

desayuno

doručak

almuerzo

ručak

cena

večera

pasaje

karta za vožnju

ascensor

dizalo

sello

poštanska markica

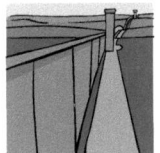

límite

granica

aduana

carina

embajada

ambasada

visa

viza

pasaporte

putovnica

viaje - putovanje

transporte

transport

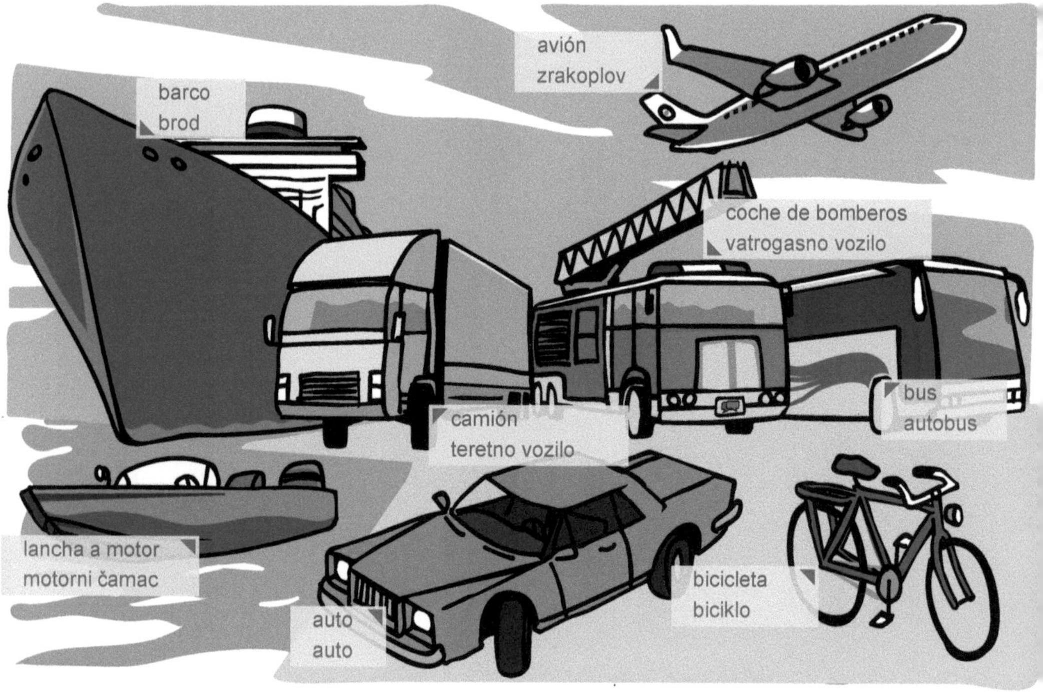

avión
zrakoplov
barco
brod
coche de bomberos
vatrogasno vozilo
bus
autobus
camión
teretno vozilo
lancha a motor
motorni čamac
bicicleta
biciklo
auto
auto

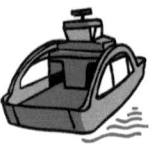

balsa

trajekt

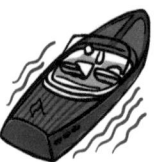

lancha

čamac

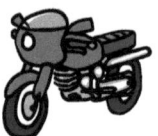

motocicleta

motocikl

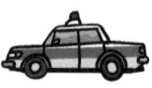

auto de policía

policijski auto

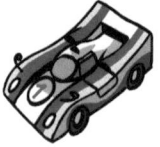

auto de carreras

trkaći auto

auto de alquiler

iznajmljeno auto

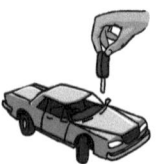

alquiler de autos

dijeljenje automobila

grúa

vučno vozilo

vehículo recolector de basura

vozilo za odvoz smeća

motor

motor

gasolina

benzin

gasolinera

benzinska postaja

señal de tráfico

prometni znak

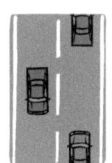

tránsito

promet

atasco

zastoj

estacionamiento

parkiralište

estación de tren

kolodvor

carril

šine

tren

vlak

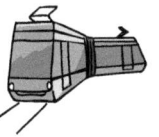

tranvía

tramvaj

vagón

vagon

helicóptero

helikopter

aeropuerto

zrakoplovna luka

torre

toranj

pasajero

putnik

contenedor

kontejner

caja de cartón

karton

carro

kolica

cesta

košara

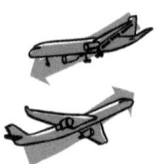

despegar / aterrizar

uzletjeti / sletjeti

ciudad

grad

aldea

selo

centro de la ciudad

centar grada

casa

kuća

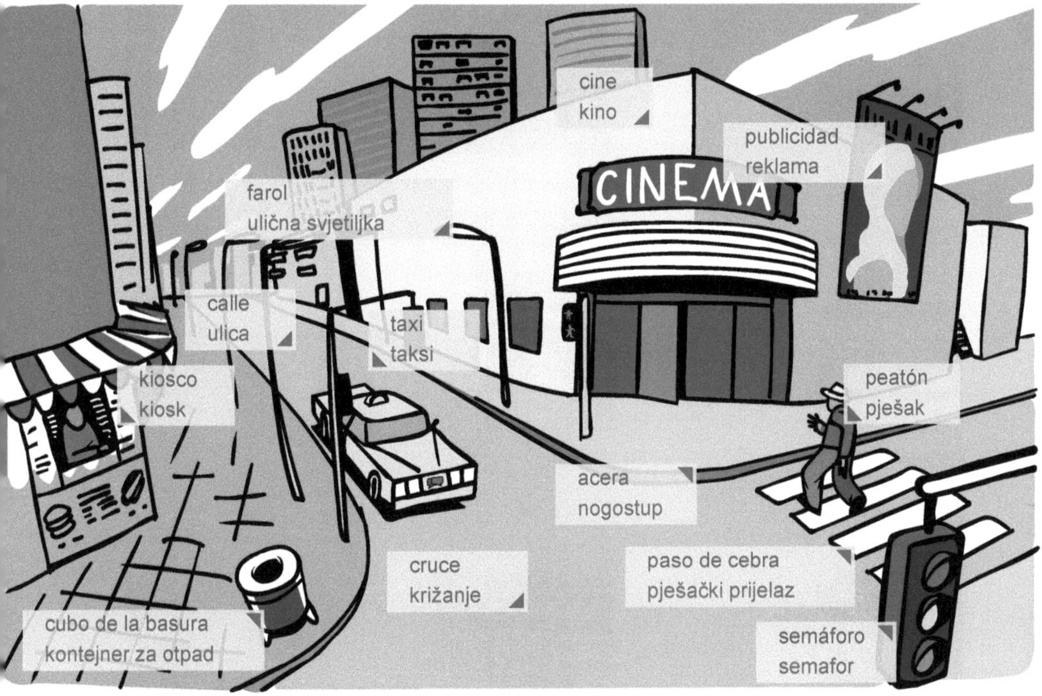

cine
kino

publicidad
reklama

farol
ulična svjetiljka

CINEMA

calle
ulica

taxi
taksi

kiosco
kiosk

peatón
pješak

acera
nogostup

cruce
križanje

paso de cebra
pješački prijelaz

cubo de la basura
kontejner za otpad

semáforo
semafor

cabaña
koliba

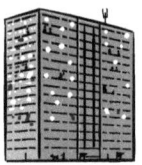

apartamento
stan

estación de tren
kolodvor

ayuntamiento
vijećnica

museo
muzej

escuela
škola

universidad
sveučilište

banco
banka

hospital
bolnica

hotel
hotel

farmacia
ljekarna

oficina
ured

librería
knjižara

negocio
prodavaonica

florería
cvjećara

supermercado
supermarket

mercado
trg

grandes almacenes
robna kuća

pescadería
ribarnica

centro comercial
trgovački centar

puerto
luka

parque
park

banco
klupa

puente
most

escalera
stepenice

metro
podzemna željeznica

túnel
tunel

parada de autobuses
autobusna stanica

bar
bar

restaurante
restoran

buzón de correo
poštansko sanduče

letrero
ulični znak

parquímetro
parkirni sat

zoológico
zoološki vrt

piscina
bazen

mezquita
džamija

granja
seosko gazdinstvo

polución
zagađenje okoliša

cementerio
groblje

iglesia
crkva

parque infantil
igralište

templo
hram

paisaje
krajolik

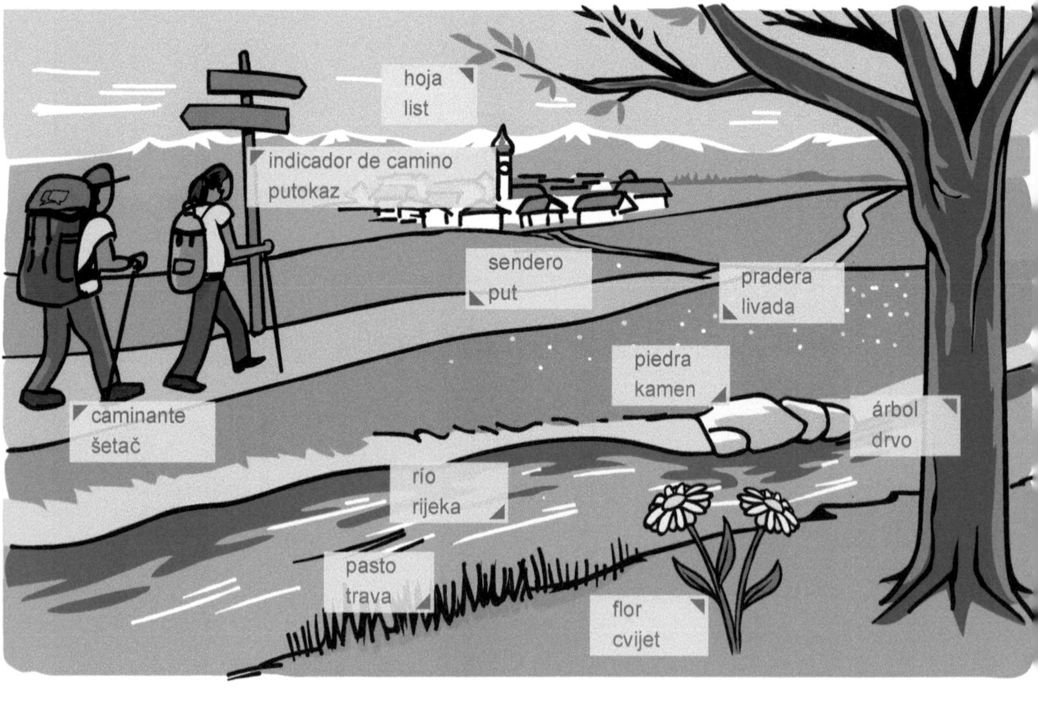

hoja
list

indicador de camino
putokaz

sendero
put

pradera
livada

piedra
kamen

caminante
šetač

árbol
drvo

río
rijeka

pasto
trava

flor
cvijet

valle

dolina

montaña

planina

lago

jezero

bosque

šuma

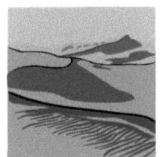

desierto

pustinja

volcán

vulkan

castillo

dvorac

arco iris

duga

seta

gljiva

palmera

palma

mosquito

moskito

mosca

muha

hormiga

mrav

abeja

pčela

araña

pauk

escarabajo

buba

rana

žaba

ardilla

vjeverica

erizo

jež

liebre

zec

lechuza

sova

pájaro

ptica

cisne

labud

jabalí

divlja svinja

ciervo

jelen

alce

los

embalse

nasip

aerogenerador

vjetrenjača

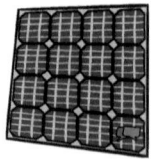

módulo solar

solarna ploča

clima

klima

restaurante
restoran

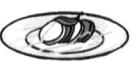

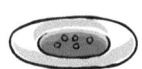

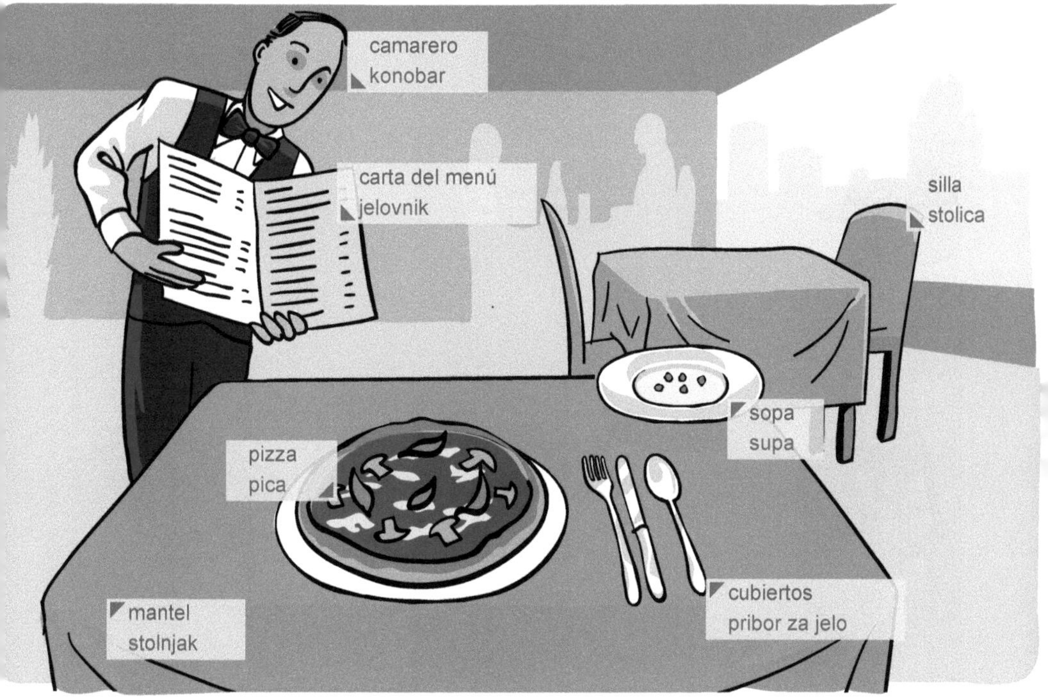
camarero
konobar
carta del menú
jelovnik
silla
stolica
sopa
supa
pizza
pica
cubiertos
pribor za jelo
mantel
stolnjak

entrada

predjelo

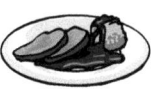

plato principal

glavno jelo

postre

desert

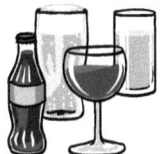

bebida

napitci

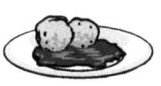

comida

jelo

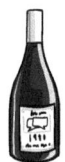

botella

boca

comida rápida

fastfood

comida callejera

imbis hrana

tetera

čajnik

azucarera

doza za šećer

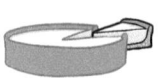

porción

porcija

máquina de espresso

aparat za espresso

silla alta

visoka stolica

factura

račun

bandeja

pladanj

cuchillo

nož

tenedor

vilica

cuchara

žlica

cuchara de té

čajna žlica

servilleta

ubrus

vaso

čaša

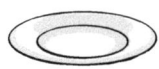

plato

tanjur

plato de sopa

tanjur za supu

platillo

tanjurić

salsa

sos

salero

soljenka

molinillo para pimienta

mlin za biber

vinagre

ocat

aceite

ulje

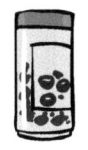

especias

začini

ketchup

kečap

mostaza

senf

mayonesa

majoneza

supermercado
supermarket

oferta
ponuda
FOR
cliente
kupac
productos lácteos
mliječni proizvodi
fruta
voće
carrito de compras
kolica za kupnju

BUTCHERS

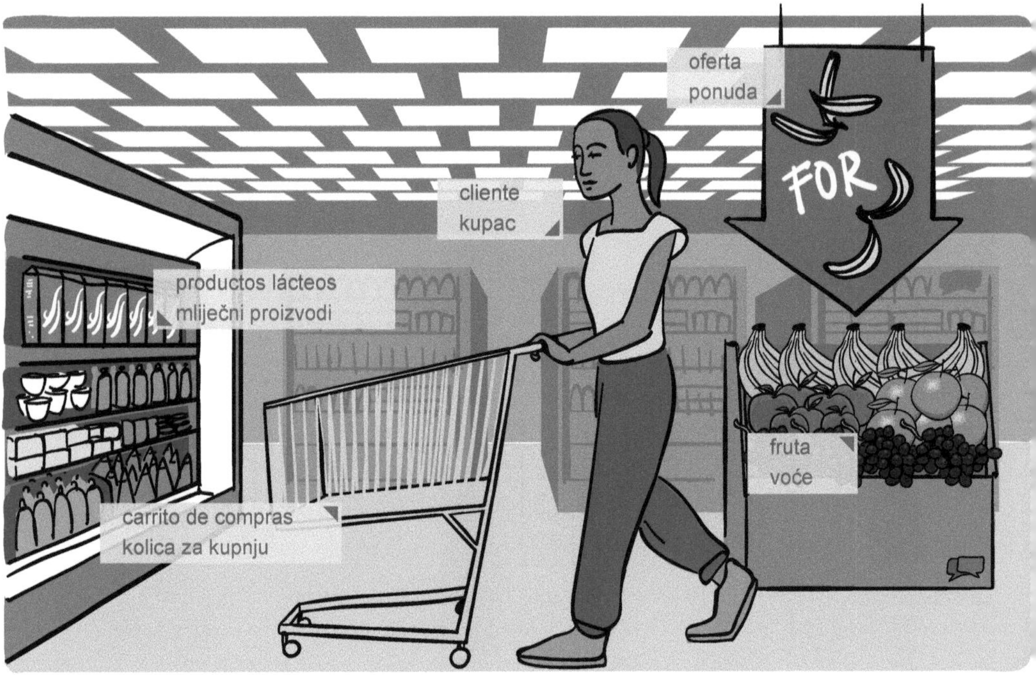

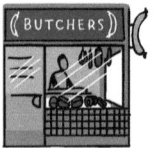

carnicería

mesnica

BAKERY

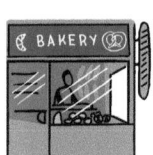

panadería

pekarnica

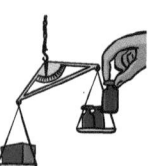

pesar

vagati

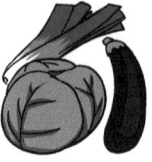

verdura

povrće

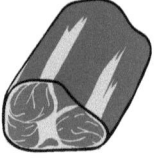

carne

meso

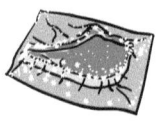

alimentos congelados

duboko smrznuta hrana

fiambre

narezak

conservas

konzerve

detergente en polvo

sredstvo za pranje

dulces

slatkiši

artículos domésticos

artikli za domaćinstvo

productos de limpieza

sredstva za čišćenje

vendedora

prodavačica

caja

blagajna

cajero

blagajnik

lista de compras

lista za kupnju

horario de atención

vrijeme rada

cartera

novčanik

tarjeta de crédito

kreditna kartica

maleta

torba

bolsa plástica

plastična vrećica

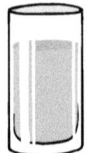

agua
voda

jugo
sok

leche
mlijeko

refresco de cola
cola

vino
vino

cerveza
pivo

alcohol
alkohol

cacao
kakao

té
čaj

café
kava

espresso
espresso

cappuccino
cappuccino

banana

banana

manzana

jabuka

naranja

naranča

sandía

lubenica

limón

limun

zanahoria

mrkva

ajo

češnjak

bambú

bambus

cebolla

luk

seta

gljiva

nueces

orašasti plodovi

fideos

rezanci

espagueti

špagete

arroz

riža

ensalada

salata

patatas fritas

pomfrit

patatas salteadas

pečeni krumpir

pizza

pica

hamburguesa

hamburger

sándwich

sendvič

escalope

šnicla

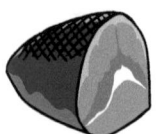

jamón

pršut

salame

salama

embutido

kobasica

pollo

kokoš

asado

pečenje

pescado

riba

copos de avena

zobene pahuljice

musli

musli

copos de maíz tostado

kukuruzne pahuljice

harina

brašno

croissant

roščić

panecillo

pecivo

pan

kruh

tostada

toast

galletas

keksi

mantequilla

maslac

cuajada

svježi sir

pastel

kolač

huevo

jaje

huevo frito

jaje na oko

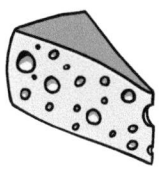

queso

sir

helado
sladoled

azúcar
šećer

miel
med

mermelada
marmelada

praliné
nugat krema

curry
curry

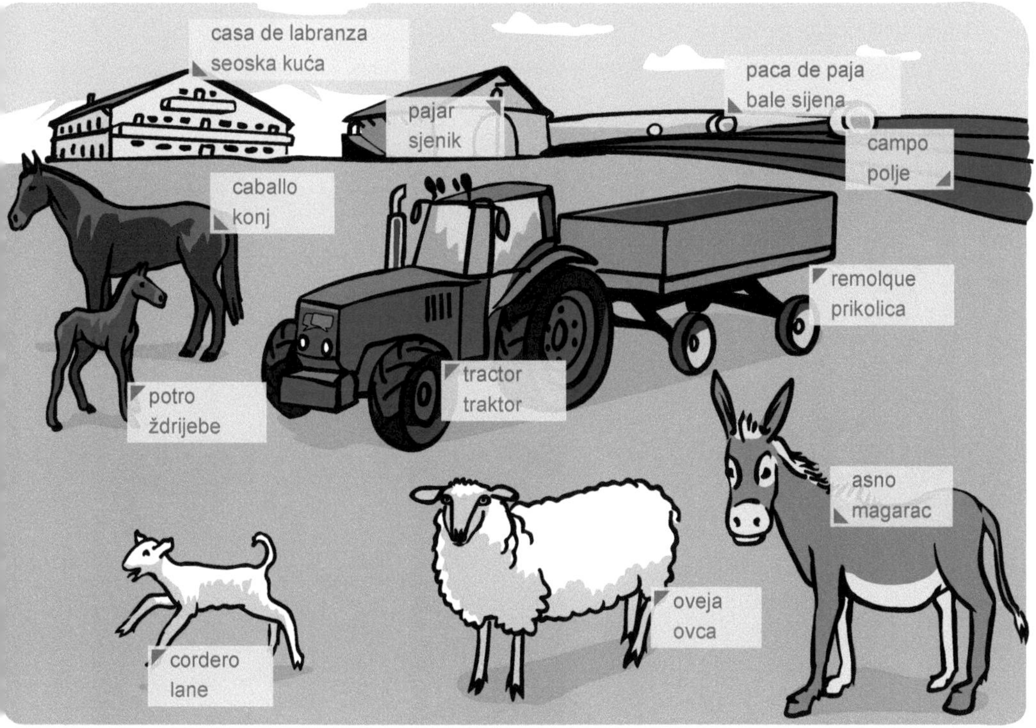

casa de labranza
seoska kuća

paca de paja
bale sijena

pajar
sjenik

campo
polje

caballo
konj

remolque
prikolica

tractor
traktor

potro
ždrijebe

asno
magarac

cordero
lane

oveja
ovca

cabra
koza

vaca
krava

ternero
tele

cerdo
svinja

lechón
prase

toro
bik

ganso

guska

pato

patka

polluelo

pilići

pollo

kokoš

gallo

pijetao

rata

pacov

gato

mačka

ratón

miš

buey

vol

perro

pas

caseta del perro

kućica za psa

manguera de riego

vrtno crijevo

regadera

kanta za polijevanje

guadaña

kosa

arado

plug

hoz
....
srp

azada
....
motika

bieldo
....
vilica za gnojivo

hacha
....
sjekira

carretilla
....
tačke

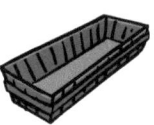

abrevadero
....
korito

lechera
....
posuda za mlijeko

saco
....
vreća

cerca
....
ograda

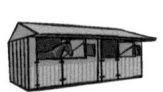

establo
....
štala

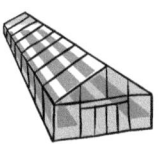

invernadero
....
staklenik

suelo
....
zemlja

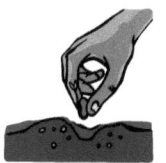

semilla
....
sjeme

fertilizante
....
gnojivo

cosechadora
....
kombajn

cosechar

žanjati

cosecha

žetva

raíz de ñame

yams začin

trigo

pšenica

soja

soja

patata

krumpir

maíz

kukuruz

colza

uljana repica

Árbol frutal

voćka

mandioca

gomolj manioke

cereales

žitarice

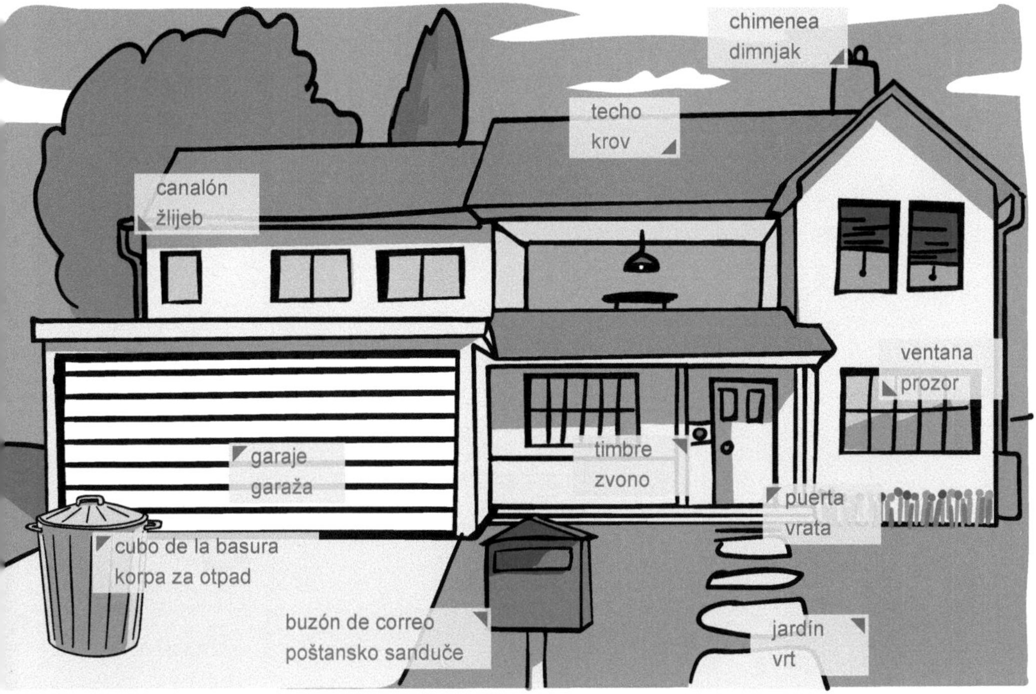

chimenea
dimnjak

techo
krov

canalón
žlijeb

ventana
prozor

garaje
garaža

timbre
zvono

puerta
vrata

cubo de la basura
korpa za otpad

buzón de correo
poštansko sanduče

jardín
vrt

cuarto de estar

dnevna soba

cuarto de baño

kupaonica

cocina

kuhinja

dormitorio

spavaća soba

cuarto de los niños

dječija soba

comedor

trpezarija

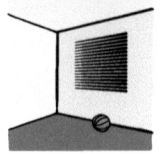

piso
....
pod

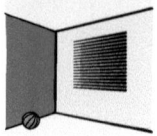

pared
....
zid

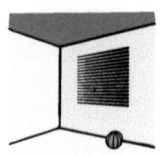

cielorraso
....
strop

sótano
....
podrum

sauna
....
sauna

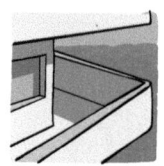

balcón
....
balkon

terraza
....
terasa

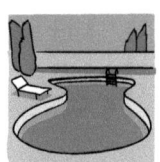

piscina
....
bazen

cortacésped
....
kosilica za travu

funda nórdica
....
posteljina za krevet

edredón
....
deka za krevet

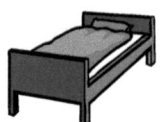

cama
....
krevet

escoba
....
metla

cubo
....
kanta

interruptor
....
sklopka

cuarto de estar

dnevna soba

papel para empapelar
tapeta
imagen
slika
lámpara
svjetiljka
estante
regal
gabinete
ormar
televisor
televizija
hogar
kamin
flor
cvijet
cojín
jastuk
sofá
kauč
florero
vaza
control remoto
daljinski upravljač

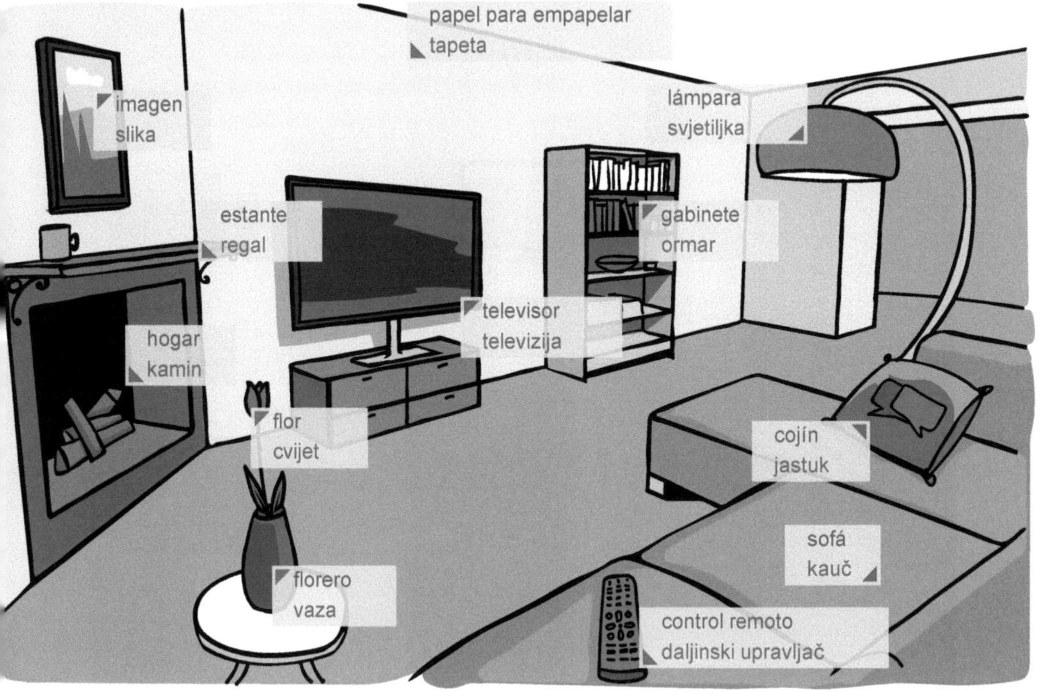

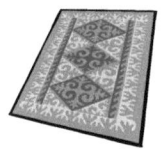

alfombra

tepih

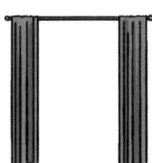

cortina

zavjesa

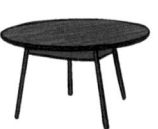

mesa

stol

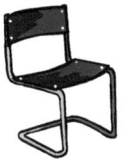

silla

stolica

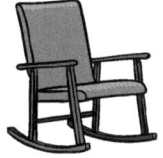

mecedora

stolica za njihanje

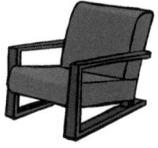

sillón

fotelja

libro
knjiga

frazada
deka

decoración
dekoracija

leña
drvo za ogrjev

film
film

equipo estereofónico
stereo uređaj

llave
ključ

periódico
novine

cuadro
slika na platnu

póster
poster

radio
radio

bloc de notas
blok za pisanje

aspiradora
usisavač

cactus
kaktus

vela
svijeća

cocina
kuhinja

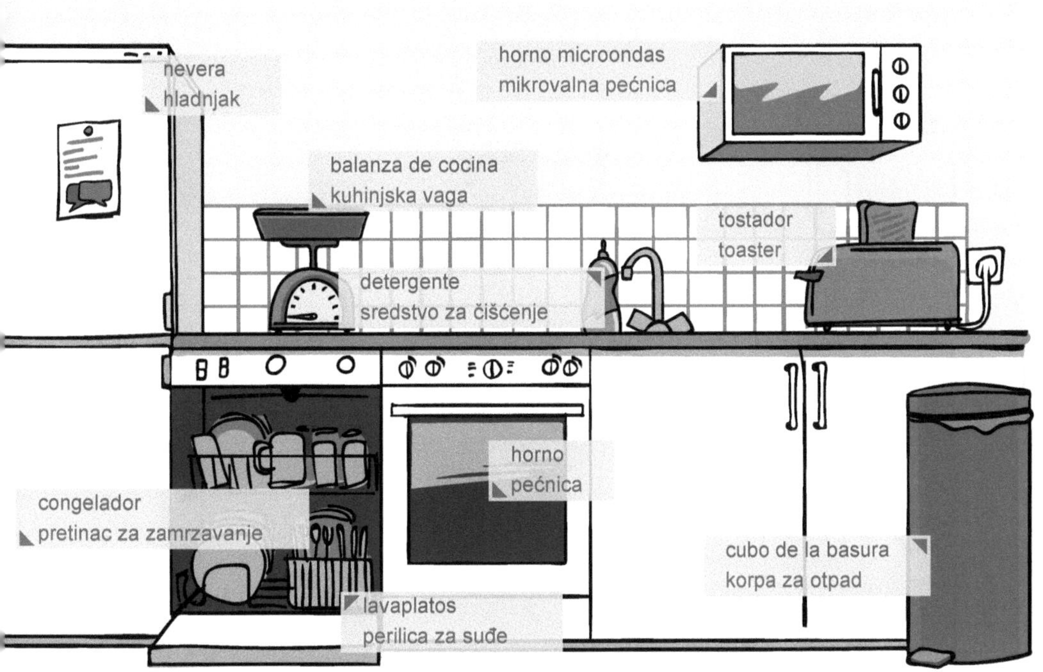
horno microondas
mikrovalna pećnica
nevera
hladnjak
balanza de cocina
kuhinjska vaga
tostador
toaster
detergente
sredstvo za čišćenje
horno
pećnica
congelador
pretinac za zamrzavanje
cubo de la basura
korpa za otpad
lavaplatos
perilica za suđe

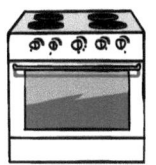

cocina
štednjak

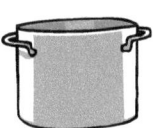

olla
lonac

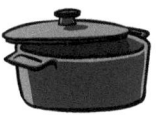

olla de fundición de hierro
željezni lonac

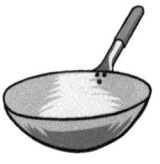

wok / kadai
wok / kadai

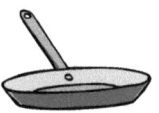

sartén
tava

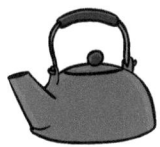

hervidor de agua
kuhalo za vodu

olla de vapor

kuhalo na paru

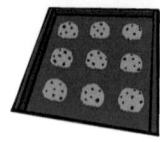

bandeja de horno

lim za pečenje

vajilla

posuđe

vaso

čaša

bol

zdjela

palillos para comer

štapići za jelo

cucharón de sopa

kutljača

espátula

lopatica

batidor

pjenjača

colador

sito za kuhanje

cedazo

sito

rallador

ribež

mortero

mužar

parrillada

roštilj

fogata

ognjište

tabla de picar

daska

rodillo

oklagija

sacacorchos

vadičep

lata

konzerva

abrelatas

otvarač konzervi

agarrador

krpa za lonac

fregadero

sudoper

cepillo

četka

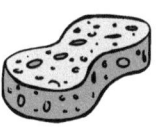

esponja

spužva

batidora

mikser

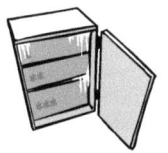

arcón congelador

zamrzivač

biberón

bočica za bebe

grifo

slavina za vodu

cuarto de baño
kupaonica

calefacción
grijanje
toalla
ručnik
ducha
tuš
cortina para ducha
zavjesa za tuš
baño de espuma
pjenušava kupka
bañera
kada
vaso
čaša
lavadora
perilica za rublje
grifo
slavina za vodu
baldosa
pločice
orinal
dječja kahlica
fregadero
sudoper

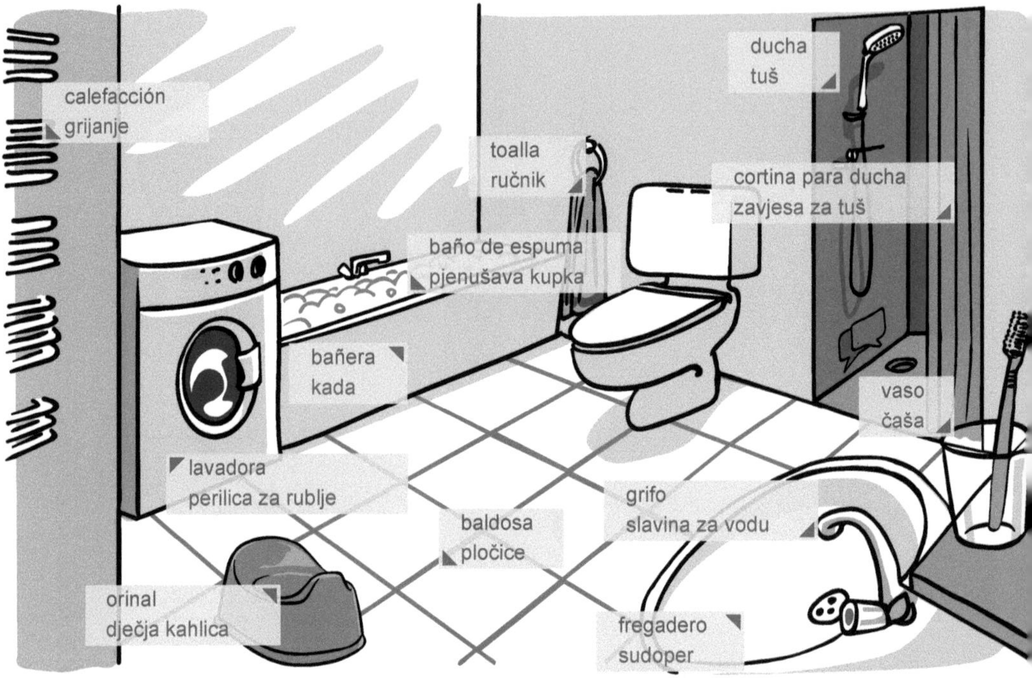

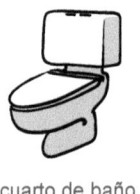

cuarto de baño

toalet

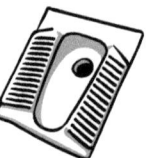

placa turca

čučavac

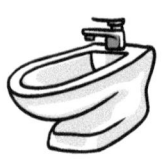

bidé

bidet

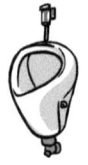

urinario

pisoar

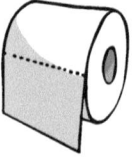

papel higiénico

papir za toalet

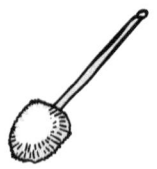

escobilla para el cuarto de baño

četka za toalet

cepillo de dientes

četkica za zube

pasta dentífrica

pasta za zube

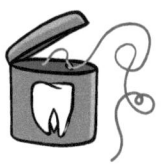

seda dental

konac za zube

lavar

prati

ducha teléfono

tuš ručica

ducha higiénica

tuš za pranje intimnih dijelova

cuenco

lavor

cepillo para la espalda

četka za pranje leđa

jabón

sapun

gel de ducha

gel za tuširanje

champú

šampon

manopla para baño

krpa za pranje

desagüe

odvod

crema

krema

desodorante

dezodorans

espejo

ogledalo

espejo de maquillaje

kozmetičko ogledalo

máquina de afeitar

brijač

espuma de afeitar

pjena za brijanje

loción para después del afeitado

losion za poslije brijanja

peine

češalj

cepillo

četka

secador para cabello

sušilo za kosu

laca de peinado

sprej za kosu

maquillaje

makeup

lápiz labial

ruž za usne

laca para uñas

lak za nokte

algodón

vata

tijera para uñas

škare za nokte

perfume

parfem

neceser

neseser

taburete

stolica

balanza

vaga

bata de baño

ogrtač

guantes de goma

rukavice za čišćenje

tampón

tampon

compresa

uložak

wáter químico

kemijski toalet

cuarto de los niños
dječija soba

despertador
budilnik
animal de peluche
plišana igračka
auto de juguete
auto igračka
sonajero
zvečka
casa de muñecas
kućica za lutke
obsequio
poklon

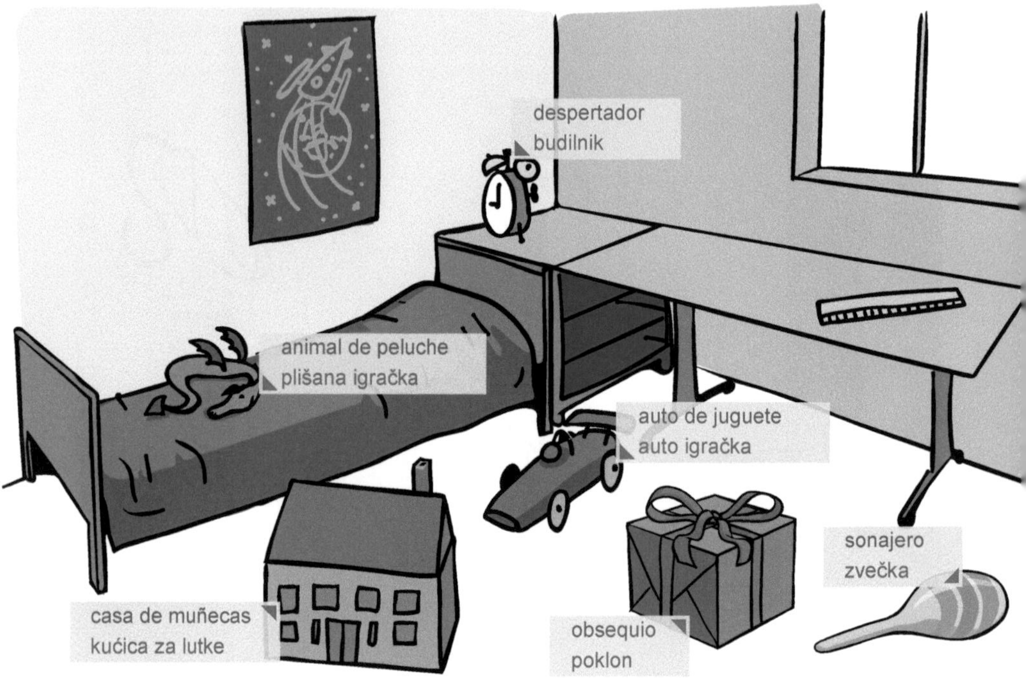

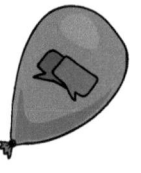

globo
balon

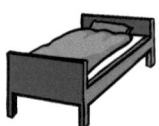

cama
krevet

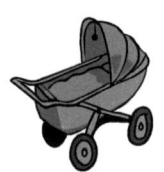

cochecito para niños
dječija kolica

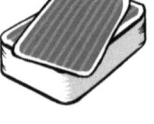

juego de barajas
igra s kartama

rompecabezas
slagalica

SUPER
MEGA

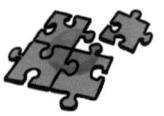

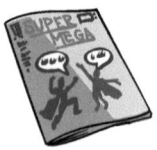

cómic
strip

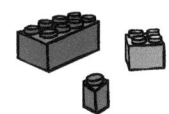

piezas de Lego

lego kockice

bloques para jugar

kockice za slaganje

figura de acción

akcioni junak

pijama de una pieza

kombinezon za bebe

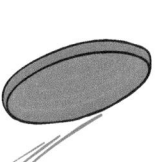

frisbee

frizbi

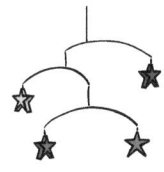

móvil

viseće igračke

juego de mesa

društvene igre

dado

kocka

tren eléctrico a escala

minijaturna željeznica

chupete

duda

fiesta

tulum

libro de dibujos

slikovnica

pelota

lopta

títere

lutka

jugar

igrati

arenero

pješčanik

columpio

ljuljačka

juguetes

igračka

consola de videojuego

konzola za igre

triciclo

tricikl

osito de peluche

plišani medo

guardarropa

ormar

vestimenta

odjeća

calcetines

kratke čarape

medias

čarape

panti

hulahopke

chal
šal

paraguas
kišobran

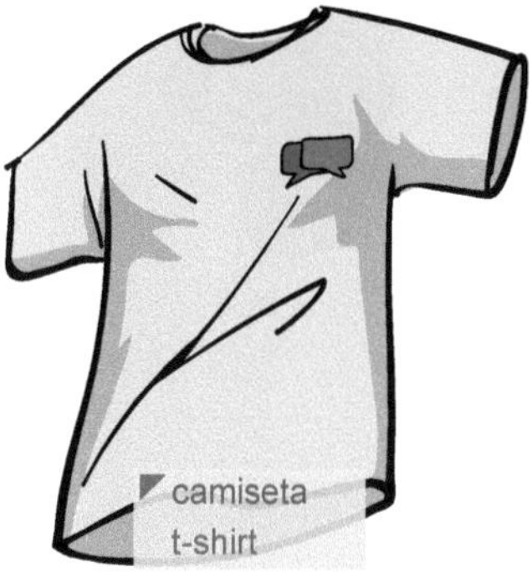

cinturón
kaiš

camiseta
t-shirt

botas
čizme

zapatilla
papuče

deportivas
patike

sandalias
....
sandale

zapatos
....
cipele

botas de goma
....
gumene čizme

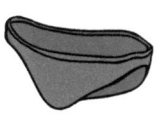

ropa interior
....
gaćice

corpiño
....
grudnjak

camiseta
....
potkošulja

body
bodi

pantalón
hlače

jeans
džins

falda
haljina

blusa
bluza

camisa
košulja

pullover
džemper

sweater
pulover s kapuljačom

blazer
blejzer

chaqueta
jakna

abrigo
kaput

impermeable
kabanica

traje chaqueta
kostim

vestido
haljina

vestido de bodas
vjenčanica

traje
odijelo

camisón
spavaćica

pijama
pidžama

sari
sari

pañuelo de cabeza
rubac

turbante
turban

burka
burka

caftán
kaftan

abaya
abaja

traje de baño
kupaći kostim

bañador
kupaće gaćice

shorts
kratke hlače

chándal
odjeća za trening

delantal
pregača

guante
rukavice

botón

gumb

gafa

naočale

brazalete

narukvica

cadena

ogrlica

anillo

prsten

aro

naušnica

gorra

kapa

percha

vješalica

sombrero

šešir

corbata

kravata

cierre a cremallera

patent zatvarač

casco

kaciga

tiradores

naramenice

uniforme escolar

školska uniforma

uniforme

uniforma

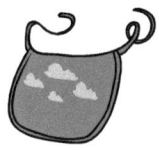

babero

podbradak

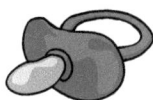

chupete

duda

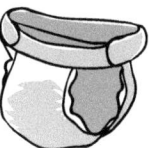

pañal

pelena

oficina

ured

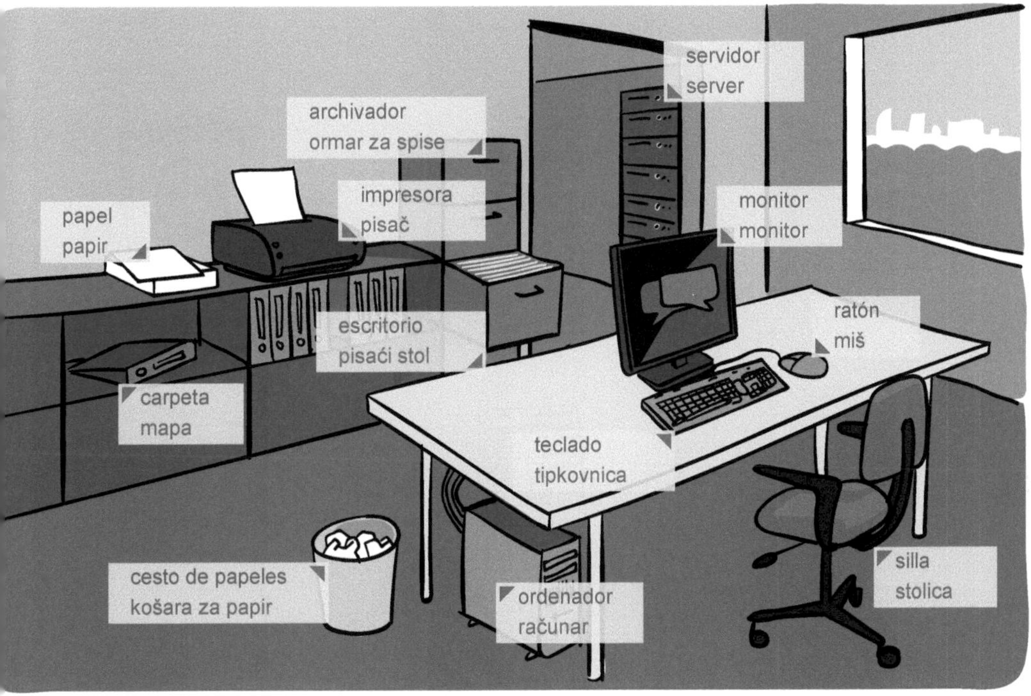
servidor
server
archivador
ormar za spise
papel
papir
impresora
pisač
monitor
monitor
ratón
miš
escritorio
pisaći stol
carpeta
mapa
teclado
tipkovnica
cesto de papeles
košara za papir
ordenador
računar
silla
stolica

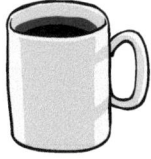

taza de café

šalica za kavu

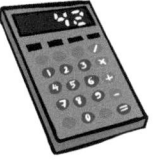

calculadora

kalkulator

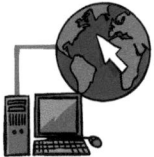

internet

internet

laptop

laptop

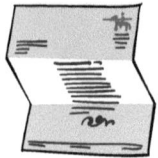

carta

pismo

mensaje

poruka

teléfono móvil

mobilni telefon

red

mreža

fotocopiadora

uređaj za kopiranje

software

softver

teléfono

telefon

tomacorriente

utičnica

máquina de fax

faks

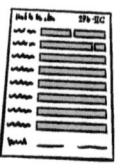

formulario

obrazac

documento

dokument

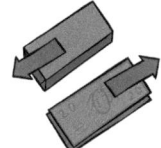

comprar
kupovati

pagar
platiti

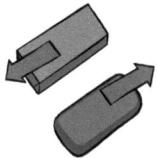

comerciar
trgovati

dinero
novac

USD

dólar
dolar

EUR

euro
euro

JPY

yen
jen

RUB

rublo
rubalj

CHF

franco
švicarski franak

CNY

renminbi
renmindbi yuan

INR

rupia
rupija

cajero automático
automat za novac

casa de cambio

mjenjačnica

oro

zlato

plata

srebro

petróleo

nafta

energía

energija

precio

cijena

contrato

ugovor

impuesto

porez

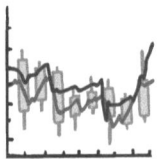

acción

dionica

trabajar

raditi

empleado

službenik

empleador

poslodavac

fábrica

tvornica

negocio

prodavaonica

ocupaciones
zanimanja

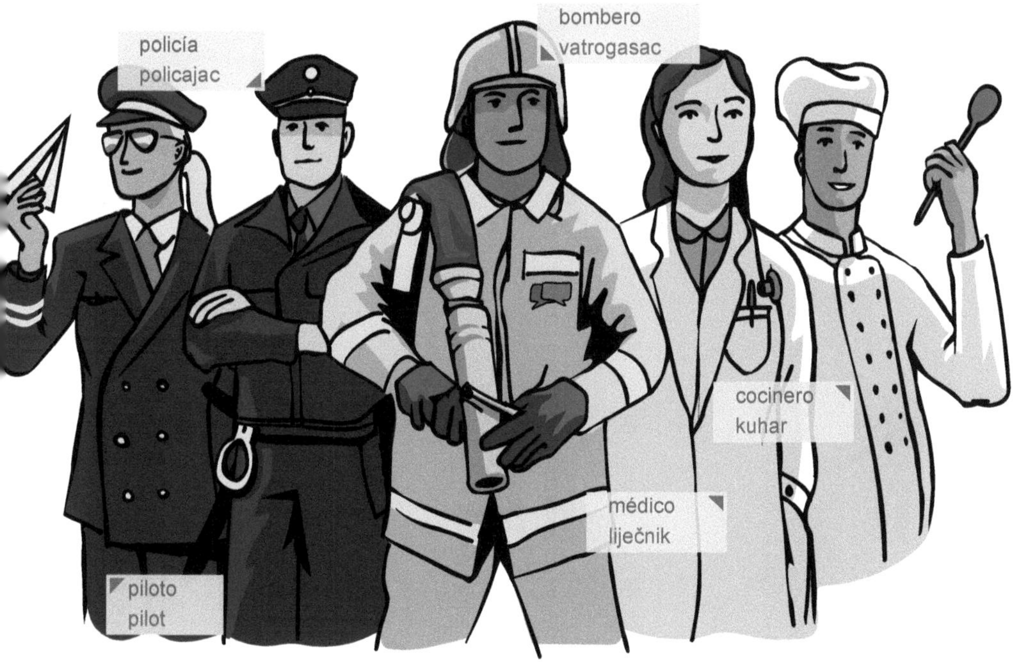
policía
policajac
bombero
vatrogasac
cocinero
kuhar
médico
liječnik
piloto
pilot

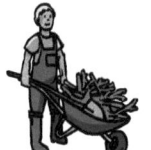

jardinero

vrtlar

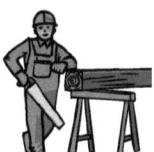

carpintero

stolar

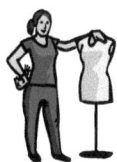

costurera

krojačica

juez

sudija

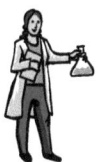

químico

kemičar

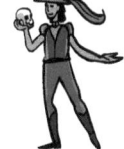

actor

glumac

conductor de autobús

vozač autobusa

taxista

vozač taksija

pescador

ribar

mujer de la limpieza

čistačica

techista

krovopokrivač

camarero

konobar

cazador

lovac

pintor

slikar

panadero

pekar

electricista

električar

albañil

građevinski radnik

ingeniero

inženjer

carnicero

mesar

fontanero

limar

cartero

poštar

soldado
vojnik

arquitecto
arhitekta

cajero
blagajnik

florista
cvjećar

peluquero
frizer

cobrador
kondukter

mecánico
mehaničar

capitán
kapetan

odontólogo
zubar

científico
znanstvenik

rabino
rabi

imam
imam

monje
monah

párroco
svećenik

herramientas
alati

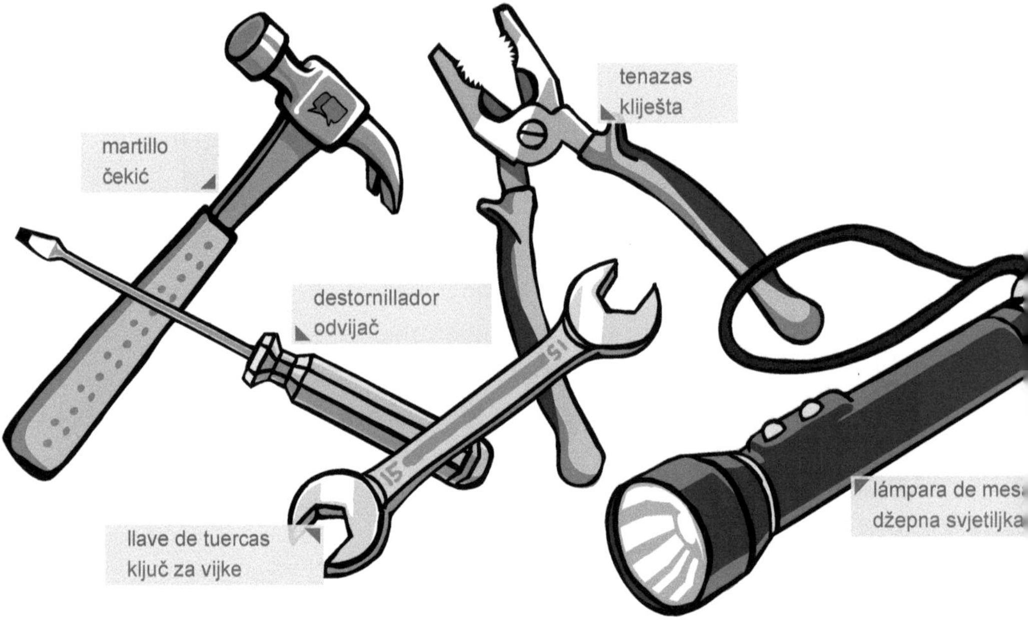

tenazas
kliješta
martillo
čekić
destornillador
odvijač
lámpara de mes
džepna svjetiljka
llave de tuercas
ključ za vijke

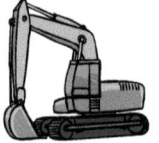

excavadora

rovokopač

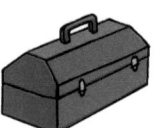

caja de herramientas

kutija za alat

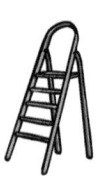

escalerilla

ljestve

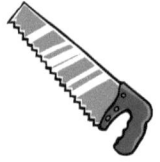

serrucho

pila

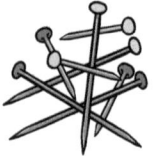

clavos

ekser

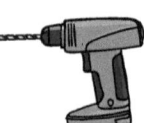

taladro

bušilica

reparar

popraviti

pala

lopata

¡Maldición!

Sranje!

recogedor

lopatica

lata de pintura

lonac za boju

tornillos

vijci

instrumentos musicales
glazbeni instrument

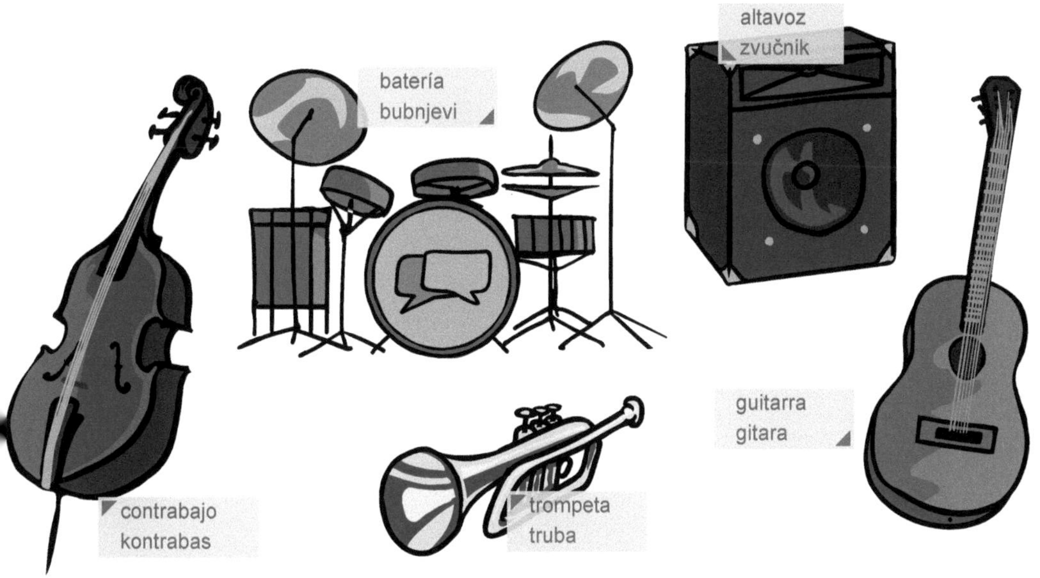

batería
bubnjevi

altavoz
zvučnik

guitarra
gitara

contrabajo
kontrabas

trompeta
truba

piano

klavir

violín

violina

bajo

bas

timbales

timpani

tambor

udaraljke za bubnjeve

teclado

keyboard

saxofón

saksofon

flauta

flauta

micrófono

mikrofon

zoológico
zoološki vrt

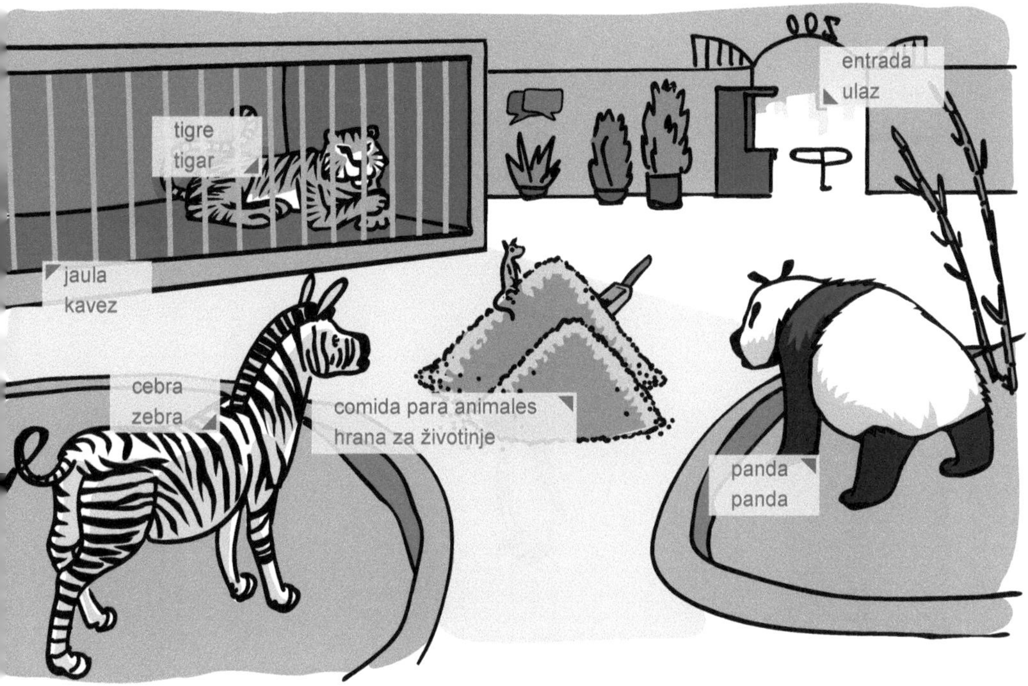
tigre
tigar
entrada
ulaz
jaula
kavez
cebra
zebra
comida para animales
hrana za životinje
panda
panda

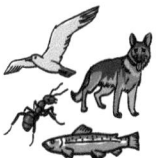

animales
životinje

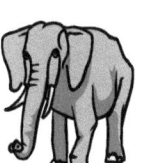

elefante
slon

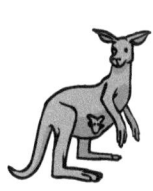

canguro
kengur

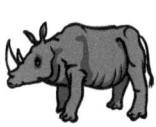

rinoceronte
nosorog

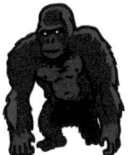

gorila
gorila

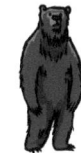

oso
medvjed

camello

kamila

avestruz

noj

león

lav

mono

majmun

flamengo

flamingo

papagayo

papagaj

oso polar

polarni medvjed

pingüino

pingvin

tiburón

ajkula

pavo real

paun

serpiente

zmija

cocodrilo

krokodil

cuidador del zoológico

čuvar u zoološkom vrtu

foca

tuljan

jaguar

jaguar

zoológico - zoološki vrt

pony
poni

leopardo
leopard

hipopótamo
nilski konj

jirafa
žirafa

águila
orao

jabalí
divlja svinja

pescado
riba

tortuga
kornjača

morsa
morž

zorro
lisica

gacela
gazela

fútbol americano
američki nogomet

ciclismo
biciklizam

tenis
tenis

baloncesto
košarka

natación
plivanje

boxeo
boks

hockey sobre hielo
hockey na ledu

fútbol
nogomet

badminton
badminton

atletismo
atletika

balonmano
rukomet

esquí
skijanje

polo
polo

actividades
aktivnosti

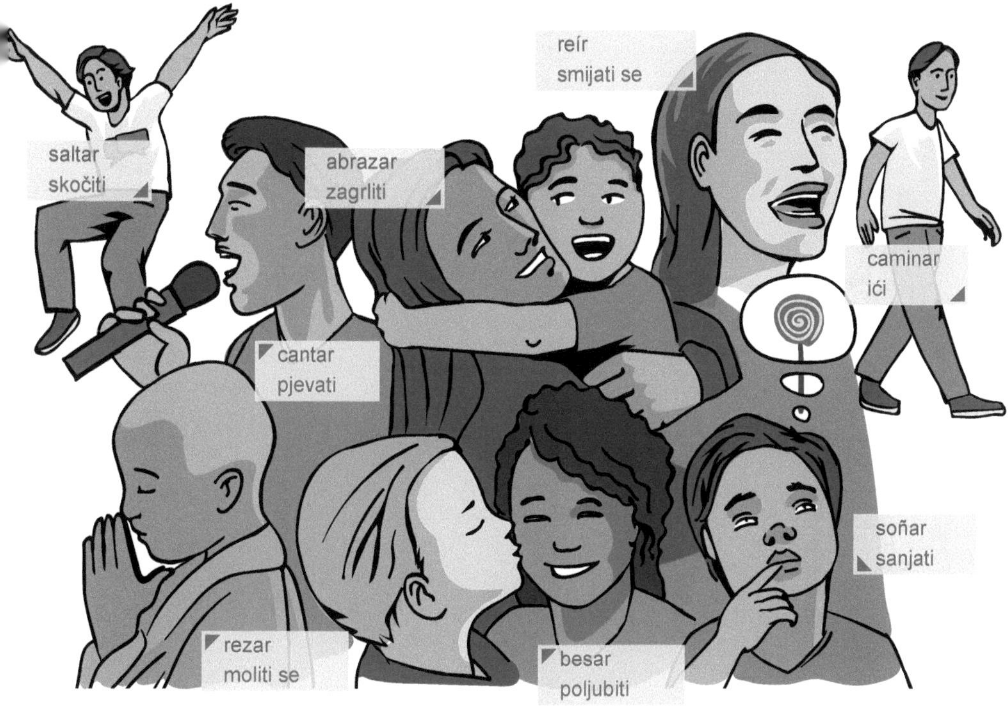
saltar
skočiti
abrazar
zagrliti
reír
smijati se
caminar
ići
cantar
pjevati
soñar
sanjati
rezar
moliti se
besar
poljubiti

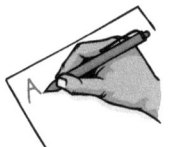

escribir
pisati

dibujar
crtati

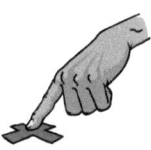

mostrar
pokazati

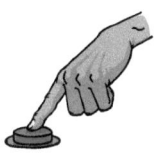

presionar
gurati

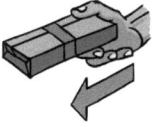

dar
dati

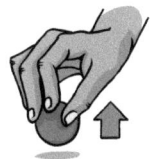

tomar
uzeti

tener

imati

hacer

činiti

ser

biti

estar de pie

stojati

correr

trčati

tirar

povlačiti

arrojar

baciti

caer

padati

estar acostado

ležati

esperar

čekati

llevar

nositi

estar sentado

sjediti

vestirse

oblačiti

dormir

spavati

despertar

probuditi se

mirar
gledati

llorar
plakati

acariciar
milovati

peinarse
češljati

conversar
govoriti

entender
razumjeti

preguntar
pitati

oír
slušati

beber
piti

comer
jesti

asear
pospremiti

amar
voljeti

cocinar
kuhati

conducir
voziti

volar
letjeti

navegar
ploviti

calcular
računati

leer
čitati

aprender
učiti

trabajar
raditi

casarse
vjenčati se

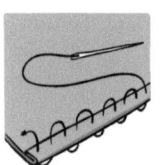

coser
šiti

limpiarse los dientes
prati zube

matar
ubiti

fumar
pušiti

enviar
poslati

actividades - aktivnosti

familia
obitelj

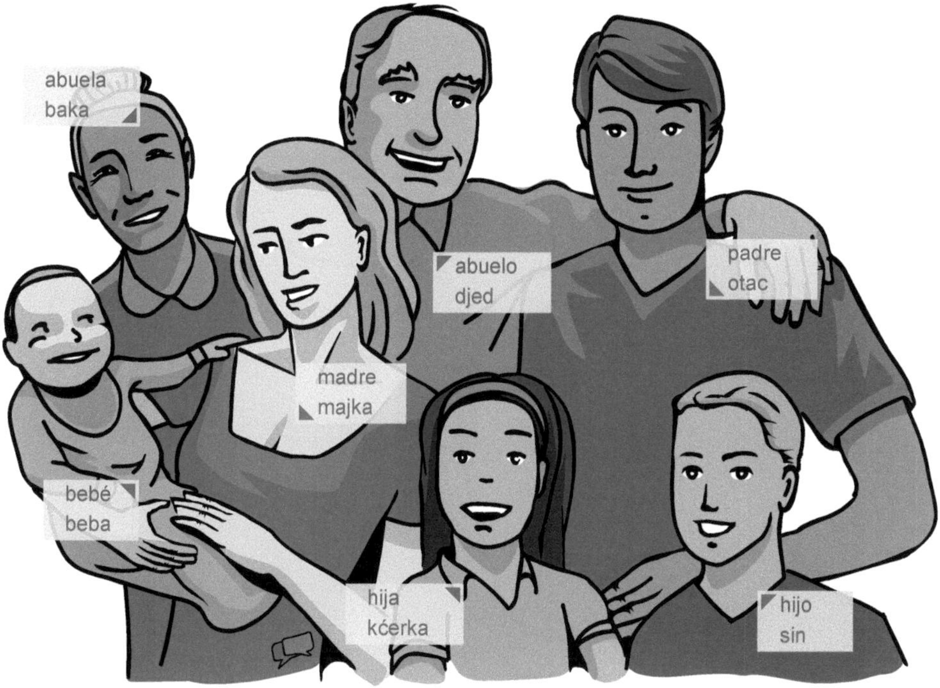
abuela
baka
abuelo
djed
padre
otac
madre
majka
bebé
beba
hija
kćerka
hijo
sin

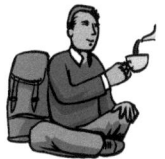

invitado

gost

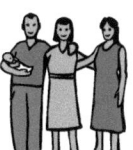

tía

tetka

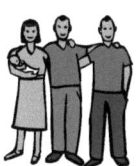

tío

ujak, stric

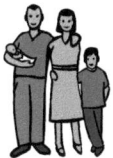

hermano

brat

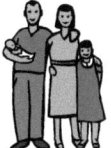

hermana

sestra

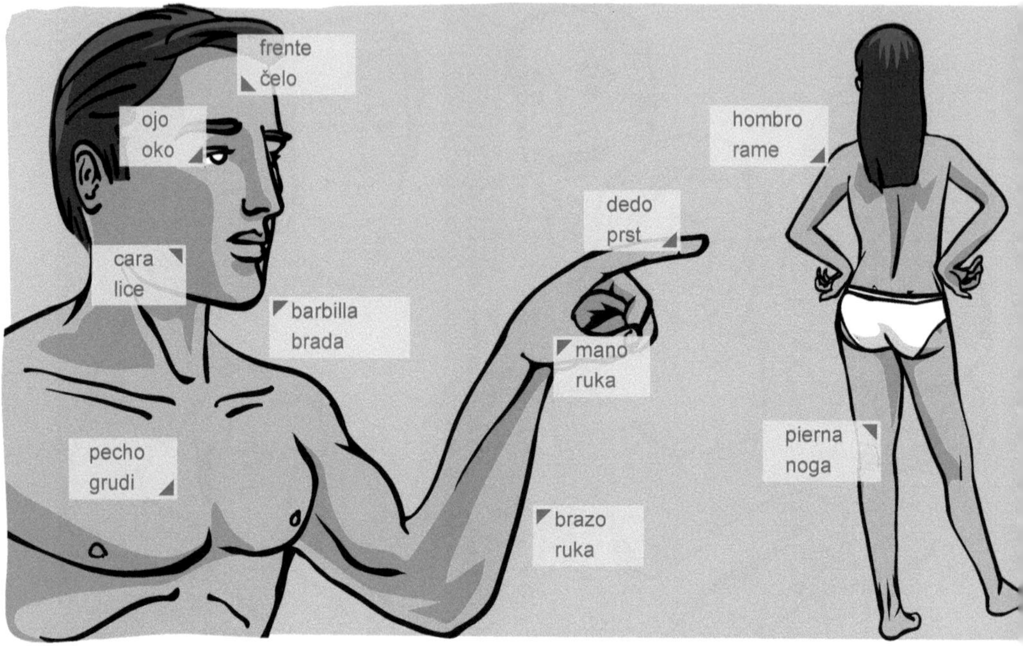

frente
čelo

ojo
oko

hombro
rame

dedo
prst

cara
lice

barbilla
brada

mano
ruka

pecho
grudi

pierna
noga

brazo
ruka

bebé
·················
beba

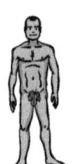

hombre
·················
muškarac

mujer
·················
žena

muchacha
·················
djevojčica

joven
·················
dječak

cabeza
·················
glava

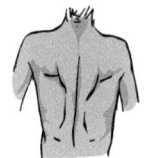

espalda

leđa

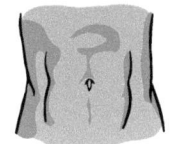

vientre

trbuh

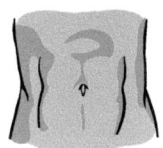

ombligo

pupak

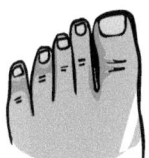

dedo del pie

nožni prst

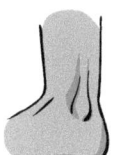

talón

peta

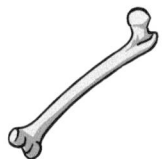

hueso

kost

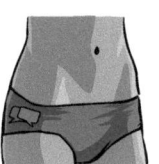

cadera

kuk

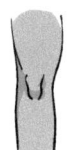

rodilla

koljeno

codo

lakat

nariz

nos

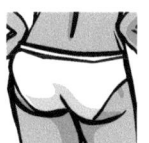

trasero

stražnjica

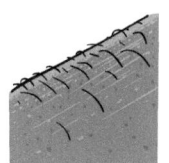

piel

koža

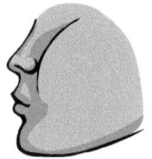

mejilla

obraz

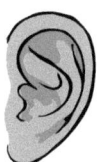

oreja

uho

labio

usna

boca

usta

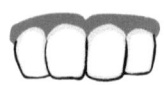

diente

zub

lengua

jezik

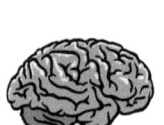

cerebro

mozak

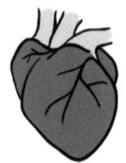

corazón

srce

músculo

mišić

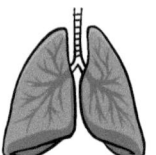

pulmón

pluća

hígado

jetra

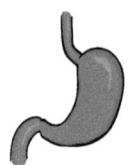

estómago

želudac

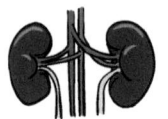

riñones

bubrezi

relación sexual

snošaj

condón

kondom

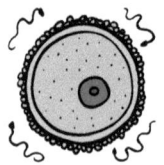

Óvulo

jajna stanica

esperma

sperma

embarazo

trudnoća

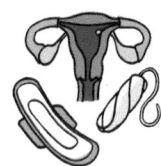

menstruación

menstruacija

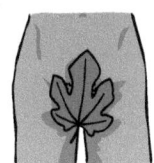

vagina

vagina

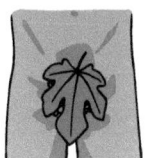

pene

penis

ceja

obrva

cabello

kosa

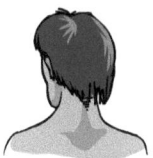

cuello

vrat

hospital
bolnica

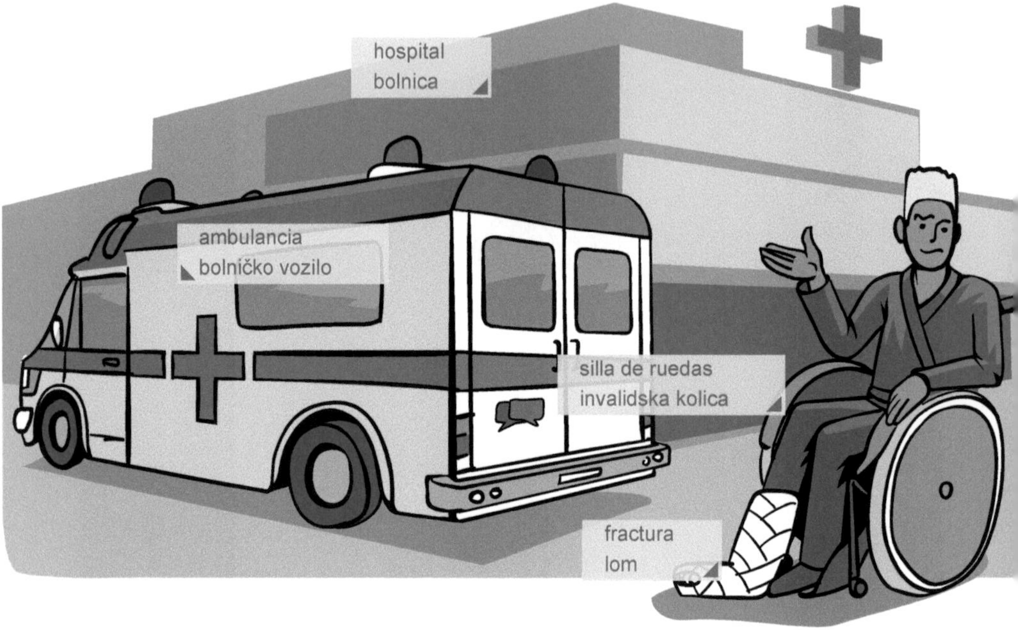

hospital
bolnica
ambulancia
bolničko vozilo
silla de ruedas
invalidska kolica
fractura
lom

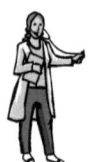

médico

lijećnik

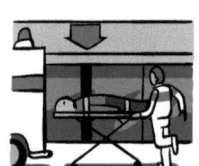

admisión de urgencia

hitna medicinska služba

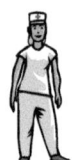

enfermera

medicinska sestra

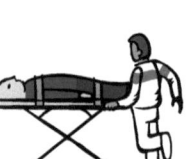

emergencia

hitni slučaj

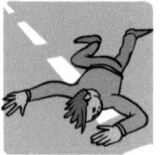

inconsciente

nesvijest

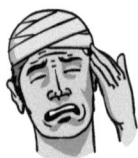

dolor

bol

lesión

ozljeda

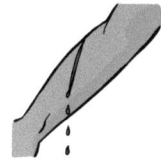

hemorragia

krvarenje

infarto de miocardio

srćani infarkt

apoplejía cerebral

moždani udar

alergia

alergija

tos

kašalj

fiebre

groznica

gripe

gripa

diarrea

proljev

dolor de cabeza

glavobolja

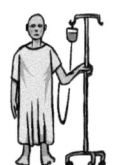

cáncer

rak

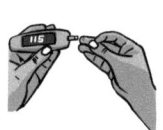

diabetes

dijabetes

cirujano

kirurg

escalpelo

skalpel

operación

operacija

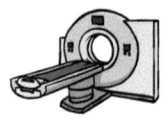

TC
ct

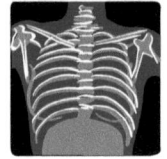

rayos X
rentgen

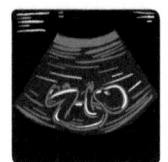

ultrasonido
ultrazvuk

máscara
maska

enfermedad
bolest

sala de espera
čekaonica

muleta
štaka

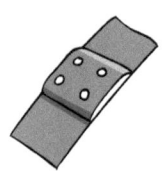

emplasto
flaster

vendaje
zavoj

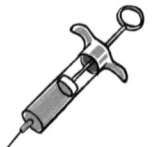

inyección
injekcija

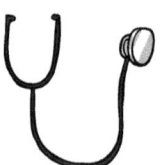

estetoscopio
stetoskop

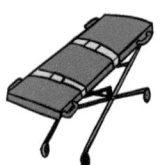

camilla
nosilo

termómetro
termometar

nacimiento
rođenje

sobrepeso
prekomjerna težina

audífono

slušni aparat

desinfectante

sredstvo za dezinfekciju

infección

infekcija

virus

virus

VIH / SIDA

hiv / sida

medicina

medicina

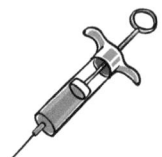

vacunación

vakcinacija

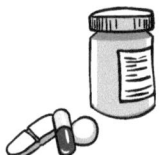

comprimido

tablete

píldora anticonceptiva

pilula

llamada de emergencia

poziv u pomoć

medidor de presión arterial

uređaj za mjerenje tlaka

enfermo / saludable

bolesno / zdravo

¡Ayuda!

pomoć!

alarma

alarm

asalto

nasrtaj

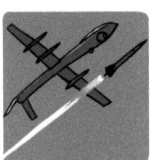

ataque

napad

peligro

opasnost

salida de emergencia

izlaz za nuždu

¡Fuego!

požar!

extintor

vatrogasni aparat

accidente

nezgoda

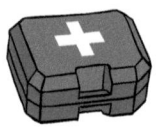

kit de primeros auxilios

kofer prve pomoći

SOS

sos

Policía

policija

Europa

Europa

América del Norte

sjeverna amerika

América del Sur

južna amerika

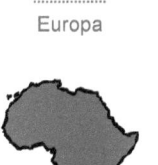

África

Afrika

Asia

Azija

Australia

Australija

Atlántico

Atlantik

Pacífico

Pacifik

Océano Índico

ocean

Océano Antártico

antarktički ocean

Océano Ártico

arktički ocean

Polo Norte

sjeverni pol

Polo Sur

južni pol

Antártida

Antarktik

Tierra

zemlja

país

zemlja

mar

more

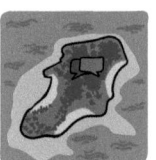

isla

otok

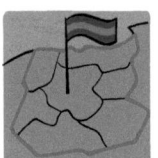

nación

nacija

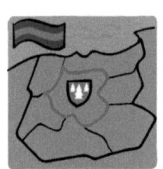

Estado

država

cuadrante

brojčanik sata

horario

satna kazaljka

minutero

minutna kazaljka

segundero

sekundna kazaljka

¿Qué hora es?

Koliko je sati?

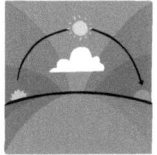

día

dan

tiempo

vrijeme

ahora

sada

reloj digital

digitalni sat

minuto

minuta

hora

sat

semana
tjedan

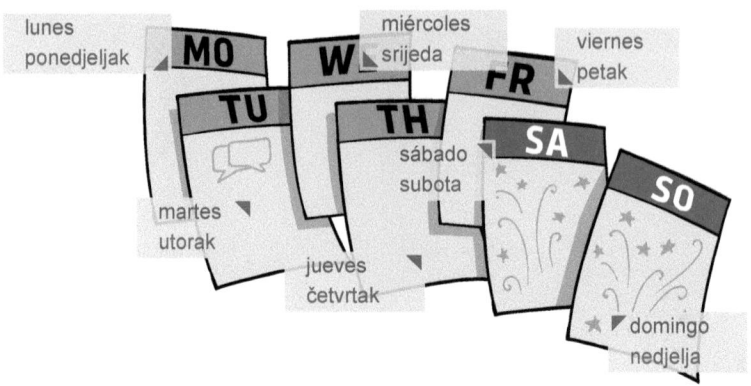

lunes
ponedjeljak

miércoles
srijeda

viernes
petak

martes
utorak

sábado
subota

jueves
četvrtak

domingo
nedjelja

ayer

jučer

hoy

danas

mañana

sutra

mañana

jutro

mediodía

podne

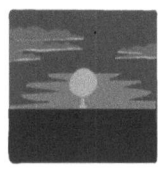

tarde

večer

MO	TU	WE	TH	FR	SA	SU
1	2	3	4	5	6	7
8	9	10	11	12	13	14
15	16	17	18	19	20	21
22	23	24	25	26	27	28
29	30	31	1	2	3	4

jornada de trabajo

radni dani

MO	TU	WE	TH	FR	SA	SU
1	2	3	4	5	6	7
8	9	10	11	12	13	14
15	16	17	18	19	20	21
22	23	24	25	26	27	28
29	30	31	1	2	3	4

fin de semana

vikend

lluvia
kiša

arco iris
duga

nieve
snijeg

viento
vjetar

primavera
proljeće

otoño
jesen

verano
ljeto

invierno
zima

4.APRIL	11°	☀
5.APRIL	4°	☁
6.APRIL	13°	☁
7.APRIL	8°	☀
8.APRIL	10°	☀

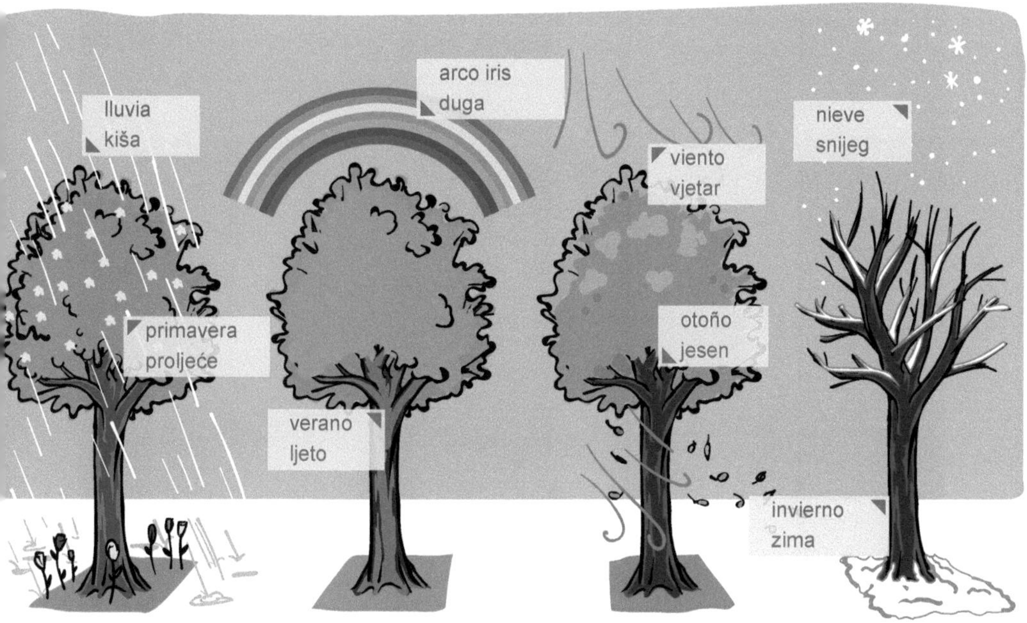

pronóstico meteorológico

meteorološka prognoza

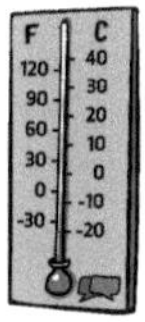

termómetro

termometar

luz solar

sunčana svjetlost

nube

oblak

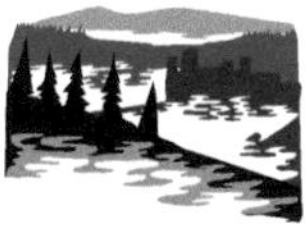

niebla

magla

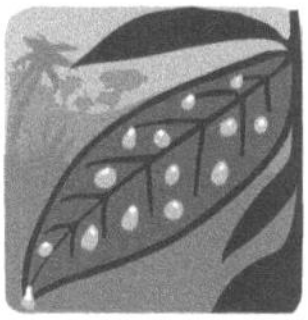

humedad ambiente

vlažnost zraka

relámpago
munja

trueno
grmljavina

tormenta
oluja

granizo
tuča

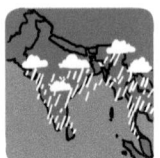

monzón
monsun

inundación
poplava

hielo
led

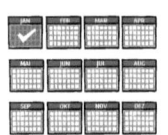

enero
siječanj

febrero
veljača

marzo
ožujak

abril
travanj

mayo
svibanj

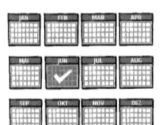

junio
lipanj

julio
srpanj

agosto
kolovoz

año - godina

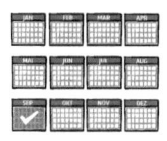

septiembre
....
rujan

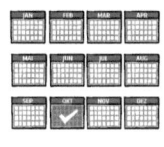

octubre
....
listopad

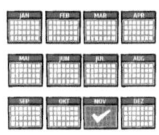

noviembre
....
studeni

diciembre
....
prosinac

formas
oblici

círculo
....
krug

cuadrado
....
kvadrat

rectángulo
....
pravokutnik

triángulo
....
trokut

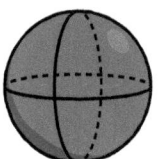

esfera
....
kugla

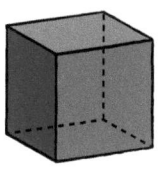

cubo
....
kocka

blanco

bijela

amarillo

žuta

anaranjado

narančasta

rosa

ružičasta

rojo

crvena

lila

ljubičasta

azul

plava

verde

zelena

marrón

smeđa

gris

siva

negro

crna

mucho / poco

mnogo / malo

enojado / calmado

ljutito / mirno

bonito / feo

lijepo / ružno

comienzo / fin

početak / kraj

grande / pequeño

veliko / maleno

claro / oscuro

svijetlo / tamno

hermano / hermana

brat / sestra

limpio / sucio

čisto / prljavo

completo / incompleto

potpuno / nepotpuno

día / noche

dan / noć

muerto / vivo

mrtvo / živo

ancho / angosto

široko / usko

disfrutable / no disfrutable

jestivo / nejestivo

malo / amigable

zlo / dobro

excitado / aburrido

uzbuđeno / dosadno

gordo / delgado

debelo / mršavo

primero / último

na početku / na kraju

amigo / enemigo

prijatelj / neprijatelj

lleno / vacío

puno / prazno

duro / suave

tvrdo / mekano

pesado / liviano

teško / lagano

hambre / sed

glad / žeđ

enfermo / saludable

bolesno / zdravo

ilegal / legal

ilegalno / legalno

inteligente / tonto

pametno / glupo

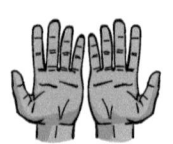

izquierda / derecha

lijevo / desno

cercano / lejano

blizu / daleko

nuevo / usado
novo / rabljeno

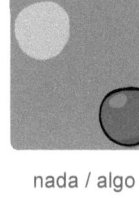

nada / algo
ništa / nešto

viejo / joven
staro / mlado

encendido / apagado
uključeno / isključeno

abierto / cerrado
otvoreno / zatvoreno

bajo / fuerte
tiho / glasno

rico / pobre
bogato / siromašno

correcto / incorrecto
točno / pogrešno

áspero / liso
hrapavo / glatko

triste / alegre
tužno / sretno

breve / extenso
kratko / dugo

lento / veloz
polako / brzo

mojado / seco
mokro / suho

caliente / frío
toplo / hladno

guerra / paz
rat / mir

0

cero

nula

1

uno

jedan

2

dos

dva

3

tres

tri

4

cuatro

četiri

5

cinco

pet

6

seis

šest

7

siete

sedam

8

ocho

osam

9

nueve

devet

10

diez

deset

11

once

jedanaest

12	**13**	**14**
doce	trece	catorce
dvanaest	trinaest	četrnaest

15	**16**	**17**
quince	dieciséis	diecisiete
petnaest	šestnaest	sedamnaest

18	**19**	**20**
dieciocho	diecinueve	veinte
osamnaest	devetnaest	dvadeset

100	**1.000**	**1.000.000**
cien	mil	millón
stotinu	tisuću	milijun

inglés
....
engleski

inglés estadounidense
....
američko engleski

chino mandarín
....
kinesko mandarinski

hindi
....
hindi

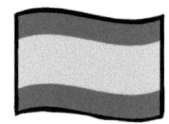

español
....
španjolski

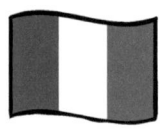

francés
....
francuski

árabe
....
arapski

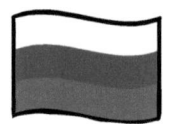

ruso
....
ruski

portugués
....
portugalski

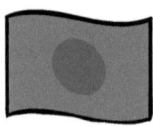

bengalí
....
bengalski

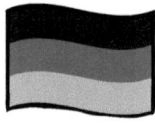

alemán
....
njemački

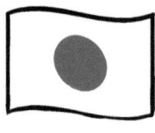

japonés
....
japanski

yo

ja

tú

ti

él / ella

on / ona / ono

nosotros

mi

vosotros

vi

ellos

oni

¿quién?

tko?

¿qué?

što?

¿cómo?

kako?

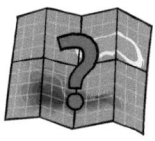

¿dónde?

gdje?

¿cuándo?

kada?

nombre

ime

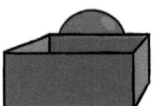

detrás

iza

en

u

delante de

ispred

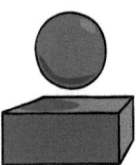

encima de

preko

sobre

na

debajo de

ispod

junto a

pored

entre

između

lugar

mjesto